AF359597

LUTHOMONOGRAPHIE,

HISTORIQUE ET RAISONNÉE.

———

Delectat domi, non impedit
foris, pernoctat mecum, peregrinatur, rusticatur.
Cicero, Archia poëta V. 16.

———

A VENDRE

CHEZ CH. JÜGEL FRANCFORT S/M.

MAISON BELLI NR. 1. VIS A VIS LE CORPS DE GARDE.

ESSAI SUR L'HISTOIRE

DU VIOLON

ET

SUR LES OUVRAGES DES ANCIENS LUTHIERS
CÉLEBRES DU TEMPS DE LA RENAISSANCE

PAR

UN AMATEUR.

A VENDRE

CHEZ CH. JÜGEL FRANCFORT S/M.

MAISON BELLI NR. 1. VIS A VIS LE CORPS DE GARDE.

MUNIC, 1856.

IMPRIMERIE DE DR. C. WOLF ET FILS.

À

MONSIEUR CH. DE BÉRIOT

DE LA PART DE L'AUTEUR.

PRÉFACE.

Le violon, cet instrument digne d'une étude suivie et spéciale, ne possède jusqu'à ce moment, aucune histoire exacte de son origine, de son développement et des phases par les quelles il a passé pour arriver à l'état où il se trouve actuellement.

Il existe cependant des traités sur la construction du violon; mais ces traités sont d'un intérêt si secondaire, qu'il me paraît inutile d'en faire ici mention. Pourtant tout le monde, je veux dire le monde musical, parle sans cesse de violon, et personne jusqu'à ce jour n'en a fait encore l'histoire approfondie. Il m'est souvent arrivé dans mes voyages, de causer avec des personnes qui avaient la prétention de connaître les mystères des anciens luthiers et qui pourtant confondaient avec un sang froid imperturbable Stradivarius avec Guarnerius.

S'il existe un instrument qui mérite qu'on s'occupe de lui, certes c'est le violon. N'est-ce-pas lui qui fait vibrer les fibres du coeur humain avec le plus de force et de facilité? N'est-ce-pas lui aussi qui a fait naître dans l'intelligence élevée de quelques poètes modernes, ces contes si ravissants par leur nature fantastique, comme, par exemple, ceux de l'inimitable Hoffmann qui ont acquis à cet instrument une teinte de merveilleux, et- de surnaturel ?

C'est encore ce petit instrument qui a donné naissance à plusieurs écoles célèbres: Rode, Viotti, Kreutzer, Baillot, sont à la tête de l'école classique; dont les représentants actuels sont les deux grandes sommités, Ch. de Bériot (élève de Viotti) et Henri Vieuxtemps.

Ces derniers cependant ont rendu les principes de l'école moins sévères; ils touchent et émeuvent davantage ; conséquence naturelle d'une liberté de pensée qui n'est soumise qu'à la fantaisie, et non aux règles inflexibles d'un pédantisme guindé qui finirait par faire d'un art sublime un simple et triste métier.

L'excentrique Paganini doit aussi être placé parmi les hautes sommités du violon, surtout à cause de la grande révolution qu'il a opérée dans la prestidigitation musicale. Mais, franchement, son école aurait du finir avec lui, et non se propager parmi nous sous des doigts moins longs, moins effilés et moins agiles que ceux du virtuose Gènois.

Le violon de l'ancien luthier est sans contredit un véritable objet d'art et non l'ouvrage d'un simple artisan ; les violons de moderne fabrique sont aux violons des anciens maîtres ce que sont la galvano-plastique et le ciment-pierre à la sculpture ancienne et aux chefs d'oeuvre de Phidias et de Praxitèle.

Quoique de nos jours le violon paraisse complétement **biffé** du Dictionnaire des jeunes compositeurs d'opéras, de symphonies et autres, pour être remplacé par un tonnèrre d'ophicléides monstres, cependant son histoire excitera toujours la curiosité du véritable amateur, qui ne saurait donner à ce noble instrument un piédestal plus beau que celui que lui ont élevé les siècles qui nous ont précédés.

J' ignore si ce petit **Essai** auquel les présentes lignes servent de préface, atteindra le but désiré; mais du moins il aura le mérite d'avoir ouvert la carrière et fourni aux amateurs d'anciens violons des moyens plus faciles de reconnaître les **écoles** des célèbres luthiers qu'à produits l'Italie au XV. siècle. Et après moi, un écrivain plus savant viendra, j'espère, compléter cet Essai par une étude sérieuse et approfondie sur l'histoire et les développements du violon, ce roi, à juste titre, de tous les instruments connus jusqu'à ce jour.

PREMIER CHAPITRE.

———

Delectat domi, non impedit foris, pernoctat mecum, peregrinatur, rusticatur.

Cicero, Archia poëta V. 16.

Origine du Violon.

Pour remonter à la véritable origine du violon, il serait nécessaire de posséder à ce sujet des données plus sûres que celles qui existent dans les livres qui traitent de cet instrument. Il faudrait donc commencer par faire de sérieuses recherches historiques sur les instruments à cordes en général; mais un travail de ce genre donnerait à cet aperçu des dimensions trop grandes et contraires même au but que nous nous sommes proposé, de rester dans le cercle restreint du simple violon. Cependant nous devons rappeler ici que les instruments à cordes étaient connus de toute l'antiquité, chez les Egyptiens, les Hébreux, les Grecs etc.; mais

1

comme la musique elle-même se trouvait alors dans sa première enfance, les instruments de ces temps reculés sont tellement imparfaits qu'ils ne méritent plus aujourd'hui qu'un sentiment d'estime. L'art de les construire fit depuis de rapides progrès, ainsi que l'on peut s'en convaincre en feuilletant l'histoire de la musique.

Le violon après avoir franchi plusieurs siècles parvint, non sans peine, à la forme qu'il conserve encore maintenant; les uns prétendent qu'il tient cette forme et son nom de la *Viola,* diminuée de volume, d'où naturellement *violino, petite Viola:* d'autres ne veulent pas remonter au de là du XVme Siècle pour l'origine du violon tel qu'il est de nos jours. Il est vrai que les XVme et XVIme Siècles virent l'apogée des progrès des luthiers dans la construction de ce bel instrument; et c'est aussi des violons construits dans ces deux siècles, que nous nous proposons spécialement de nous occuper dans la suite de ce petit ouvrage. Mais il n'est pas inutile de dire deux mots du violon avant cette époque, et même de sa première origine.

Dans plusieurs ouvrages nouvellement parus les auteurs pour prouver l'antiquité du violon font quelquefois des exposés tellement vagues et

denués de tout fondement qu'au lieu de faciliter
les recherches aux amateurs ils obstruent davantage la voie pour découvrir la vraie source.
Il est inutile de détailler ici les idées erronnées,
dont ces ouvrages sont pleins. Pour nous en
convaincre donnons ici un exemple jusqu'à quel
point les auteurs abusent de la crédulité et de
la bonne foi de leurs lecteurs: dans un ouvrage,
dont je ne me rapelle plus le nom, l'auteur, afin
de prouver de ses connaissances historiques fait
mention d'une porte du baptistère de Florence
sur laquelle il a vu un violon fidèlement repro-
duit; or l'on sait que ces portes sont l'ouvrage de
Ghiberti au XIVme Siècle; tandis que le violon,
d'après d'autres autorités, doit avoir été apporté
en Europe déjà en 710 par les Maures lors de
leur invasion en Espagne. Et cette origine ori-
entale nous paraît plus que probable puisque
nous avons vu nous-même quelques orchestres am-
bulants actuels des Persans, des Turcs, des Ar-
meniens, dont la civilisation et le progrès dans
les arts sont restés des temps les plus reculés dans
le Statu quo; s'accompagnant, pour brailler sur
les places publiques, dans les cafés et les cara-
vanserais des airs nationaux, d'un instrument
absolument semblable à notre violon, moins la

beauté du son et l'élégance de la forme. Ils les
fabriquent d'ordinaire d'une moitié de citrouille
vidée et recouverte d'une vessie tendue, surmontée de trois ou quatre cordes, et armée d'un très
long manche: d'autres fois la citrouille est rem-
placée par un morceau de bois creusé et monté
de quelques cordes. Bien que ces instruments ne
soient qu'une mauvaise caricature de nos violons d'occident, il n'en est pas moins probable
que la citrouille et la bûche ont donné naissance
au violon *de Stradivarius.*

Le véritable nom de l'instrument que les
Maures apportèrent en Espagne, était *Rebab,*
dont les espagnols firent plus tard *Rabel,* encore employé de nos jours par les ménestrels, et
les français *Rebec.* Au XIIme et au XIIIme Siècles
le violon était donc connu en France et en Italie. Cet instrument, monté de quatre cordes,
était employé pour accompagner le chant, sans
être encore parvenu à toute la perfection que
nous lui connaissons maintenant.

Sous Philippe le Bel, en 1235, *Jean Char-
milion* fut élevé, dans la ville de Troyes (en
Champagne), au titre de *Roi de Ribauds* à cause
de son talent à jouer du violon. Selon toute
probabilité, il fut le premier qui sut tirer du

violon autre chose qu'un simple accompagne-
ment. Plus tard vint *Constantin*, violoniste de
la cour de Louis XIII., mort en 1657, et qui fut
le dernier qui obtint le titre de roi: après lui
cette distinction ne fut plus accordée à personne.
Malgré ce titre pompeux donné alors à ces vir-
tuoses par les juges competents en musique, il
est à supposer qu'un de nos derniers violons
d'orchestre pourrait, sans peine, rivaliser de ta=
lent avec ces violonistes couronnés. Car, obser-
vez encore un fait essentiel, c'est que jusqu'au
XVIme Siècle, les violonistes ne se servaient que
de la gamme qui se trouve dans la voix de
soprano; ce n'est que plus tard que l'on parvint
à surmonter les difficultés de position et à faire
usage avec modération de la seconde. Parconsé-
quent il est évident que les célèbres luthiers des
XVme et XVI^mc Siècles, qui ne trouvaient point
d'artistes capables de tirer parti de leurs super-
bes instruments, devaient vivre inconnus et tra-
vailler, sans le savoir, pour la postérité qui sut
enfin les apprècier à leur vèritable valeur.

Testator (il Vecchio), luthier milanais, qui
vivait au temps de Gaspar da Salo ou même
avant lui, paraît être le premier qui a eu l'idée
de diminuer de volume la Viola, pour donner

le nom de v i o l i n o au nouvel instrument qu'il créa de cette manière.

Les violons de *Testator* ont la forme de ceux de Salo, mais avec une élevation plus grande: ils sont très rares, il est même impossible d'en trouver dans le commerce.

C'est donc à *Testator* que nous devons, à proprement parler, l'invention de notre violon actuel; et peut-être est-ce encore lui, qui suggera aux anciens luthiers la première idée d'établir, d'après des principes variés, ces mêmes instruments, qui acquièrent avec justice chaque jour plus de prix aux yeux du vrai connaisseur.

Ce serait ici le lieu de procéder à l'énumération des diverses écoles de luthiers dont l'Italie était si riche à l'époque dont nous nous occupons, ainsi que de celles qui prirent naissance plus tard dans les autres pays de l'Europe; mais nous croyons plus convenable de commencer par donner la description des parties dont le violon se compose, afin de faciliter au lecteur l'intelligence de notre troisième chapitre, qui contiendra un grand nombre de mots techniques.

SECOND CHAPITRE.

Théorie du Son, Le Violon et ses parties.

Matériaux. Mémoire sur la construction des instruments à cordes et à archet par *Felix Savart*, Paris 1819; Regole per la Costruzione de Violini, Viole etc. dal *Antonio Bagatello*, Padova 1786; *Choror et Fayolle* Dictionnaire historique des Musiciens- (epuisé): *Fétis*, Construction de Violons, article publié dans la Revue musicale; Ueber den Bau der Bogeninstrumente von *Jac. Aug. Otto*, Jena 1828. —

„Les expériences de *Chladni*[*]) comme le dit *Savart* dans son ouvrage, ont fait voir que toutes les fois qu'un corps rend un son, les parties

---

[*]) *Chladni (E. F. F.)*, docteur en philosophie et en droit, est né à Wittemberg le 30. Novembre 1756. Après la mort de son père il quitta la jurisprudence pour s'appliquer à l'etude de la nature. Il remarqua que la théorie du son était plus négligée que plusieurs autres branches de la physique, et il commença en 1785 des experiences sur l'acoustique. Le premier Mémoire, dans lequel il publia ses découvertes, parut

qui le composent tendent toujours à vibrer ré-
guliérement et symétriquement: par exemple, si
l'on prend une plaque ronde de cuivre ou de
verre dont les deux surfaces soient bien parallèles, qu'on la recouvre d'une couche légère de
sable fin, et qu'après l'avoir saisie fortement
avec le pouce et l'index d'une main, ou avec
une machine appropriée à cela, on la mette en
vibration au moyen d'un archet appliqué sur le
bord, on verra le sable s'arranger et former une
figure régulière qui ressemblera à une étoile à
quatre, à six points, etc.

„Si l'on prend un verre ordinaire ou une
cloche d'harmonica, qu'on les remplisse d'eau,
et qu'ensuite on en tire un son au moyen d'un
archet promené sur le bord, des crispations régulières en étoiles, formées par un plus ou moins
grand nombre de pointes, se montreront sur la
surface du liquide; elles indiqueront que la cir-

à Leipsick en 1787, sous le titre : Entdeckungen über die
Theorie des Klanges (Découvertes sur la nature du son). Son
Traité d'acoustique allemand, publié à Leipsick, en 1802, a
été traduit en français sous les yeux de l'auteur et imprimé à
Paris en 1809. — L'auteur, dans sa préface, décrit deux
instruments de son invention, *l'euphone* et le *clavicylindre*.
(Dict. hist. des musiciens Choror et Fayolle T. 1 pag. 137.)

conférence du vase s'est partagée en noeuds et en ventres de vibrations, c'est-à-dire, en parties qui restaient fixes, et en parties qui allaient alternativement en dedans et en dehors: de même que dans l'expérience précédente le sable en se retirant de certains points et en se reunissant sur d'autres indique ceux qui restent en repos et ceux qui sont en mouvement.

„Il n'est personne qui n'ait remarqué comme les cordes se divisent régulièrement en deux, en trois, en quatre parties etc., phénomène qu'on rend sensible en appuyant le doigt très légèrement sur l'un des noeuds de vibration, ce qui produit les sons harmoniques. On pourrait augmenter le nombre des expériences de ce genre; mais celles que je viens de citer suffisent pour montrer que tous les corps, qui sont mis en vibration tendent toujours à se diviser avec régularité en parties oscillantes et en parties, qui restent fixes.

Cette régularité et cette symétrie sont si nécessaires à la production des sons, que ce n'est que dans les corps dont les molécules approchent d'être homogènes et dont la forme est symétrique elle-même, qu'il faut chercher les sons les plus beaux et les plus agréables. C'est pour cette raison que les instruments à vent et la voix de certains animaux fournissent les sons les plus flatteurs, parceque c'est l'air, qui est alors corps sonore, et que ce fluide est susceptible de vibrer avec toute la régularité possible: la beauté du son des instruments de verre dépend aussi de la même cause. —

D'après ce qui précède on conçoit que, quand les parties qui composent un corps ne peuvent pas vibrer régulièrement et symétriquement, il ne peut pas y avoir production d'un son déterminé, et que le résultat de cette confusion de mouvement est ce qu'on appelle bruit.

On peut encore se convaincre de la nécessité de la régularité et de la symétrie de la forme pour obtenir les sons les plus parfaits qu'un corps puisse donner, en faisant attention à ce qui rend une corde fausse: il suffit d'une petite éminence dans quelque point de son étendue, ou qu'elle ne soit pas bien cylindrique pour que le son n'en soit pas pur, c'est-à-dire, pour que les noeuds et les ventres de vibration ne se fassent pas régulièrement. De même pour qu'une cloche d'harmonica ne produise pas des sons purs, il suffit qu'elle ne soit pas bien égale d'épaisseur dans toute sa circonférence, ou que cette circonférence ne soit pas regulière parce qu'alors elle ne peut pas se diviser symétriquement en parties qui restent fixes et en parties qui oscillent. —

On peut donc établir que plus la forme d'un corps est régulière, plus les vibrations s'y font avec facilité; et que plus un corps est susceptible de vibrer régulièrement et symétriquement, plus les sons qu'il produit sont beaux.

On voit maintenant combien il est nécessaire que toutes les parties qui composent un instrument soient parfaitement symétriques, et l'on cesse d'être étonné de la difficulté de rencontrer des violons et des basses dont l'intensité de son soit la même pour toutes les notes, quand on considére que la barre d'harmonie placée sous le pied gauche du chevalet est une cause plus que suffisante pour produire cet effet, puis qu'elle détruit la symétrie : il est donc nécessaire de placer la barre au milieu, dans la direction de l'axe de la table, en manière de couvre-joint.

Le manque de symétrie dans le violon ordinaire (non-seulement celui qui provient de la position de la barre, mais encore celui qui naît de la difficulté de bien exécuter une forme si

2*

composée), en occasionnant de l'irrégularité dans les vibrations, est cause que le son est mêlé d'un peu de bruit, ce qui le rend éclatant, dur et quelquefois criard. Souvent un violon qui paraît très-fort de son, quand on l'entend de près, ne paraît pas en avoir quand on l'entend de plus loin; ce qui dépend de la production simultanée du bruit, dont les vibrations irrégulières ne se communiquent pas si bien à l'air, que celles du son, qui sont régulières."

Le violon se compose de trois parties:

§. 1. *Le manche.*

§. 2. *Le corps ou la caisse.*

§. 3. *Les accessoires.*

§. 1. *Le manche* est une espèce de demi-cylindre en bois dur: on emploie ordinairement pour le faire le platane ou l'érable.

Le manche à son tour est composé: *a) de l'accordière; b) de la tiége; c) de la touche.*

a) L'accordière est cette partie du manche qui est creusée dant toute sa longueur. Vulgairement cette partie du violon se nomme *la tête.* Les anciens luthiers qui excellaient dans l'art de sculpter, savaient donner à la tête une forme bien gracieuse qu'on néglige de lui donner aujourdhui.*)

b) La tiége est la partie du manche qui part du sillié pour se terminer là où commence la téte.

c) La touche est une pièce morceau de bois d'érable qui recouvre non seulement le manche, mais qui s'étend encore considérablement vers le chevalet.

§. 2. *Le corps ou la caisse.* Cette partie du violon comprend: *a) la table; b) le fond; c) les élisses.*

a) La table est la partie capitale de l'instrument, celle qui exige le plus de soin dans sa construction. Elle se fait ordinairement de sapin ou de cèdre, tout autre bois résineux serait bon également, mais comme les parties intégrantes en sont plus variables et que ces parties influent toujours sur le timbre, on s'en tient au sapin et au cèdre dont on connait sur le timbre l'utile et constante influence. — Le plus ou moins d'épaisseur à donner à la table dépend du bois qu'on y emploie: s'il est dense, la table doit être mince, et s'il est poreux, elle doit

---

*) E ciò uno dei segni distintivi di taluni artisti.

avoir plus d'épaisseur. Les deux ouvertures de la table sous la forme de *ss* sont faites pour donner à l'instrument plus de résonnance. C'est ainsi qu'en éloignant les *s* l'un de l'autre, le son devient plus sourd et qu'il acquiert plus d'éclat quand on les rapproche et quand on les fait plus grands. C'est à cause de cette particularité que tous les violons de l'école des *Amati* ont un son doux, et que ceux de *Stradivarius* ont un son plein et éclatant. L'on donne le nom *de filets* aux incrustations en bois d'ébène qui se font au tour de la table de résonnance; ces ornements n'ajoutent rien à la bonté de l'instrument; mais par la manière dont ils sont placés, ils servent à faire reconnaître les écoles; ainsi, par exemple, l'école de Brescia se distingue par deux filets qui courent parallèlement, tandis que celle de Crémone se distingue par une courbe particulière à la jointure des filets.

b) Le fond est également une partie du violon très importante, et qui ne demande pas moins de soin que la table elle même. Il consiste presque toujours de deux planchettes d'érable collées l'une à l'autre. Le fond a plus d'influence sur les vibrations de l'instrument, que les élisses; aussi faut il faire bien attention à l'épaisseur du bois employé dans cette partie du violon. Il est évident que lorsque la table est faite de bois mince, le fond demande une épaisseur plus forte que la table, sinon les vibrations rencontreraient un obstacle et la voix du violon en serait étouffée.

c) *Les élisses* sont les bandes qui unissent la table supèrieure au fond de l'instrument. On emploie ordinairement pour les élisses le bois de noyer, ou d'érable.

§. 3. *Les accessoires.* On nomme parties *accessoires* de l'instrument: *la barre, l'ame et le chevalet.*

1) *La barre* doit avoir à son milieu, $5/_{16}$ de pouce de hauteur, et $2/_{16}$ à ses extrémites. — On choisit de préférence le bois de sapin pour la barre.

Il faut que la longueur de la partie de la barre qui s'etend vers le manche soit égale aux trois quarts de la distance qui existe entre le chevalet et l'origine du manche, comme il faut également, que l'autre partie de la même barre ait en longueur les trois quarts de la distance opposée; or comme cette dernière distance est plus courte que l'autre, l'on voit clairement, que les deux parties de la barre doivent toujours être proportionnelles chacune au côté qui lui correspond.

2) *L'ame* est une petite pièce de bois dont l'extrémité inférieure s'appuie contre le fond de l'instrument, et l'extrémité supérieure contre la table: elle est entre ces deux parties du violon ce qu' est le chevalet entre la table et les cordes. On la fait de sapin ordinairement. La longueur de l'ame dépend de la hauteur de la voute de l'instrument. En règle générale, on l'introduit à un demi-pouce derrière le pied droit du chevalet. Mais cette règle a des exceptions, vu les variations qui existent dans la forme du violon lui-même. L'oreille seule peut guider pour mettre l'ame à sa meilleure place.

3) *Le chevalet* est cette pièce de bois de platane sur laquelle reposent toutes les quatre cordes de l'instrument.

Ces trois parties accessoires ne constituent certainement pas la beauté du violon, mais elles lui donnent souvent une force, une vigueur qu'il n'aurait pas sans elles.

Je dois faire observer que les accessoires faits par les habiles mains des anciens maîtres ne se trouvent presque plus dans le commerce. J'en ai pourtant encore rencontré en Italie quelques uns qui étaient sortis des mains des luthiers de Crémone; mais ces artistes excellaient autant dans la structure du violon proprement dit, qu'ils étaient ignorants dans l'art de faire les accessoires. Les luthiers de nos jours les dépassent de beaucoup dans ce genre de travail.

Avant de terminer ce chapitre sur la construction du violon, disont quelques mots du vernis employé par les anciens luthiers d'Italie, et qui nous frappe par sa beauté, par son éclat dans les violons qui sont arrivés jusqu'à nous. Le vernis embellit le violon et lui conserve une qualité de son permente. Lorsqu'on n'églige de le vernir, la table de l'instrument perd de sa force et de son moëlleux. Personne n'ignore que les guitares, dont les tables ne sont point vernies, perdent beaucoup en vieillissant; il en est de même pour les pianos. — On estime les violons dont le vernis est à l'huile; comme il est plus liant, que le vernis fait à l'esprit de vin, il convient mieux pour les violons dont les tables sont minces, parceque, en les pénêtrant, il leur donne plus de consistances. Pour les violons, dont les tables sont épaisses, le meilleur vernis est celui de gomme laque dissoute jusqu'à saturation dans

3

l'esprit de vin rectifié à 34 ou 36 degrés: il séche très promptement et n'est pas sujet à s'écailler.

Quelle recette avaient les anciens luthiers pour fabriquer leur vernis? C'est une question, que l'on n'a pas pu résoudre jusqu'à ce moment: il paraît que le secret de cette préparation a été enseveli dans la tombe avec ses inventeurs. D'après les plus récentes suppositions, on croit, que les anciens luthiers n'employaient pas le vernis à l'huile contrairement à ce que l'on avait cru d'abord, mais le vernis éthérisé: car le vernis à l'huile, introduit au XVIIIme Siècle dans la fabrication du violon, ne peut jamais acquérir l'éclat, la transparence, que nous admirons dans les anciens instruments.

Il est certain que le vernis ajoute toujours à la qualité du son, c'est ce qu'affirmait aussi le célèbre Baillot, autorité bien grande dans le monde musical; et il ajoute que les vibrations suivies et continues, en expulsant un grand nombre de particules sous la forme de poussière, donnent au son de l'extension et de la vigueur. Cette observation lui a été suggérée par l'expérience de plusieurs années sur un violon qu' à force d'être joué se couvrait toujours plus d'une poussière blanche, qu'il supposait être formée par les

parcelles résineuses du bois et par les parcelles
du vernis lui-même. A l'appui de cette expérience, on peut ajouter la remarque faite sur
les tables des pianos, dont les vibrations harmoniques avec le son principal, détruisent peu à peu
la contexture du bois employé; au point qu'il
paraît poreux et comme pourri lorsqu'on veut
l'employer après à quelqu' autre usage.

TROISIÈME CHAPITRE.

Développement du Violon à l'époque de la Renaissance.

Le premier éssort au développement du Violon fut donné en Lombardie, à Milan, par *Testator,* vers la fin du XVème Siècle.

C'est lui qui le premier lui consacra, comme nous l'avons dit dans le Ier Chapitre, la forme, que le Violon conserve encore jusqu'à ce jour. Ajoutons pourtant que Milan ne compte pas au nombre des villes qui fondèrent une école de lutherie.

Testator, dit *il Vecchio,* ne fit qu'un simple essai, afin de diminuer le volume de la Viola et d'en faire ainsi un instrument plus facile à manier et auquel il donna le nom de *Violino,* ce qui veut dire; *petite Viola.*

Remarque: La plupart des dates employées dans ce chapitre désignent l'époque à laquelle chacun des luthiers se distingua le plus.

Brescia est, à vrai dire, le berceau de la première école des luthiers italiens, celle qui suggéra l'idée d'en former une à *Crémone* sous les auspices de la famille *Amati.*

L'école de Crémone, à son tour, donna une grande impulsion à l'extension de la lutherie, et l'on vit bientôt se grouper autour d'elle les écoles des villes *Lombardes,* puis les écoles Romaine, Florentine, Napolitaine, celles du Tyrol et plus tard celles de France et d'Allemagne.

Nous diviserons donc *ce troisième Chapitre* en plusieurs catégories se rattachant plus ou moins aux écoles mères lombardes; et pour plus de clarté nous mettons ici un tableau de ces subdivions.

Tableau.

Ecole Lombarde.

Brescia, Cremone, Milan, Vérone, Padoue, Plaisance, Mantoue, Venise.

Ecole Romaine. Ecole Neapolitaine. Ecole du Tyrol. Ecole Allemande.   Ecole florentine.

Absaam, Insprück, Salzbourg, Mitterwald, Füssen.

Ecole de Brescia.

Le digne représentant de cette école est:

Gaspard di Salo, de 1510 à 1550. Les instruments de ce luthier étant presque les premiers de leur espèce, ne possèdent pas l'élégance voulue, *(Voir Pl. II. fig. 6.)* et ne sont pas d'un travail achévé, pourtant leur son est à la fois plein de vigueur et de majesté. *Gaspard di Salo* employait pour ses violons un bois trés fort, en leur donnant une forme très voûtée, et les enduisait d'un vernis brun foncé. — L'ouverture des *ff* était droite, large, et bien découpée. Les deux *ff* parallèles sont la distinction la plus frappante de ses ouvrages. Cette particularité appartient pourtant à tous les instruments sortis de l'école de Brescia. Quoique les imperfections ci-dessus mentionnées ôtent beaucoup au mérite d'un beau travail, les instruments de *Gaspar di Salo* ont néanmoins acquis une grande réputation, et sont dans le commerce d'un prix très élevé:

Copie exacte de l'étiquette de ce maître:

Gafpar di. falo.
a. Brescia. A. 1652.

Giov. Paolo Maggini 1560-1640

Son elève le plus renom est *Maggini (Giov. Paolo,)* de 1560 à 1640. Ses violons ont presque la même forme que ceux de son maître, pourtant l'elévation en est beaucoup mois grande, et les deux filets parallèles sont plus larges, que ceux de *Gaspard di Salo,* le vernis qu'employait de prédilection *Maggini* était d'un rouge tirant sur le jaune; on rencontre souvent des violons de ce maître d'une couleur de venis brun foncé.

Description d'un violon de ce maître.

1) Le fond de la table en deux parties, vernis jaune foncé.

2) Format moyen, le fond en 2 parties, vernis brun-rouge (Alt-Viola.)

Le fils du dernier, *Maggini', (Pietro Santo)* de 1630 à 1680, travaillait d'après les modèles de son père; aussi ses ouvrages n'ont que le seul mérite d'avoir été fait scrupuleusement, d'après les principes, que lui avait transmis son père.

Pietro Santo Maggini 1630-1680

Un des imitateurs de l'école de Brescia est *Lausa (Antonio Maria)* de 1650 à 1715 (contemporain de *Stradivarius).* Les violons de *Lausa,* ont une forme trop calculée sur les modèles de ses prédécesseurs pour qu'on puisse facilement remarquer les traits, qui les distinguent: Le son

Antonio Maria Lausa 1650-1715

est pourtant bien inférieur dans les violons de
Lausa.

Le seul qui puisse encore être nommé dans
l'histoire de l'école de Brescia c'est *Nella Raphaël*. Ses violons, d'un son assez volumineux,
n'ont pourtant pas une égalité acoustique irre-
prochable. On reconnait ses instrumens à une
tête toujours sculptée et aux élisses remplies
d'inscriptions. Sur un violon, par exemple, il
était écrit en lettres romaines:

Nella Ra-
phaël.

$$VIVA,\ FVITVIS\ \text{a}\ SVS,\ DVRAICISA$$
$$SE\ ORDVM\ VIXITA\ CVIM\text{®}$$
$$TVADVL\ CECAN^{o}.$$

ce qui veut dire:
Viva nunc in silvis ambulans cano mortuis.

Ecole de Crémone.

Nous abordons maintenant l'analyse des
écoles de cette ville, dont l'histoire se rattache
par un hasard tout particulier, à celle du Violon.
Par sa position geographique, Crémone était loin
d'être destinée à jouer un rôle quelconque dans
la région de l'art musical, cependant la fortune
voulut qu'elle devint célèbre parmi les villes

d'Italie qui l'environnaient, en faisant naître dans son sein des hommes d'un mérite incontestable qui rendirent son nom immortel.

Il est plus que certain que l'école de Brescia facilita le développement de celle de Crémone. — La famille des *Amati*, celles des *Garnerius*, de *Stradivarius* et tant d'autres fondèrent une quantité d'ateliers de lutherie. Leur haute intelligence et leur tendance à suivre le progrés qui se manifesta au XVme Siècle, dans l'art de la construction du violon, toutes ces circonstances, dis-je, firent que ce noble instrument parvint à la plus grande perfection dans toutes ses parties, tant sous le rapport de la bonté du son, que sous celui de ses formes élégantes. Nous pouvons affirmer franchement que l'art du luthier à cette époque était porté à l'apogée de sa gloire. En premier lieu nous devons nommer le maître de tous les *Amati Giov. Marc. del Bussetto.*

Giov. Marc. del Bussetto etc. 1540 à 1580.

Evidemment Crémone est trop près de Brescia, pour que *Bussetto* ne se tint pas d'abord aux formes de Gaspard di Salo. — Ainsi le premier maître de Crémone peut facilement passer pour l'élève des maîtres de Brescia. Néanmoins *Bussetto*

Giov. Marc.
delBussetto
1540-1580

doit être considéré comme le premier qui s'ouvrit une route differente de celle de ses prédecesseurs. Les violons qu'il construisait étaient d'une forme longue, d'une voûte très prononcée et enduits d'un vernis brun; l'ouverture des *ff* était large et la découpure très courte.

Description d'un des violons de ce maître.

Anno 1570.

Fond en deux parties — vernis jaune foncé — coins allongés — très voûté.

Andrè
Amati
1560-1600

Un des premiers luthiers du nom d'*Amati*, est *André*, grand père des autres et élève de *Bussetto*. (1550—1600.) C'est à lui que l'on doit d'excellents violons et surtout la création d'un établissement de lutherie, que ses descendants rendirent de plus en plus prospère. Ses violons étaient d'un format très grand; mais pourtant moins voûtés que ceux de *Bussetto*.

La découpure des *ff* de ses instrumens et le point d'audessus étaient presque du double de la grandeur du point superieur. Les bords de ses violons ne sont pas tres élévés, les filets qu'il incrustait sur la table étaient assez inégaux, et à l'extrémité avaient un point très prononcé. La tête de ses instrumens est d'ordinaire longue et très élégante, mais pourtant le petit volume du bois, dans lequel il la sculptait, ne cadre jamais avec le format qu'il employait. Le vernis qu'il préferait était d'une couleur demie foncée tirant sur le brun rouge.

Jérôme et *Antoine Amati* fils d'*André,* tra-vaillaient presque toujours ensemble. Ces deux luthiers vécurent vers 1596 à 1614 ou 1620. C'est pourquoi on rencontre des violons dont l'étiquette porte les deux noms.

Elève de son père, et suivant scrupuleuse-ment les principes donnés par Bussetto, *Jérôme Amati* connaissait parfaitement la nécessité d'avoir de beaux matériaux pour faire ses instru-mens; aussi employait-il toujours le meilleur bois de sapin où d'érable. La forme de ses violons est grande *(Voir Pl. I. II. fig. 7. 3),* mais d'une élégance inferieure à celles des autres maîtres; pourtant on ne peut lui ôter le mérite d'un travail consciencieux dans toutes les par-ties qui constituent le violon. A partir des ex-trémités au centre de la table d'harmonie, il éle-vait ses violons à un pouce de hauteur. Les

Jérôme et
Antoine
Amati
1596-1614

4*

extrémités sont très fortes et bien achevées; les coins des élisses de la table d'harmonie, et ceux de la table du fond sont très émoussés. L'épaisseur des filets est très forte, particularité des bons instrumens de toute l'Italie. La table d'harmonie est faite en bois de sapin; ce qui donne à cette partie un coloris foncé. L'ouverture des *ff* est bien découpée, mais un peu étroite; leurs points supérieurs sont tellement rapprochés l'un de l'autre, que l'espace, qui les sépare n'est qu'un peu plus grand que celui qu'occupe le chevalet. Le manche est fait de bois d'érable; la tête de ses instrumens est ordinairement très belle, et surpasse même par son élégance les têtes confectionées par les autres luthiers de Crémone. Les deux points parallèles du milieu de la tête sont très eloignés l'un de l'autre.

Les petits bilots qui sont adaptés au manche, et au bouton d'en bas atteignent le milieu en s'élargissant. Le vernis qu'il employait était amalgamé d'ambre jaune et d'outremer. A l'endroit du chevalet, la table d'harmonie est d'un bois très épais, épaisseur qu'elle conserve sur toute la ligne du milieu, mais à l'endroit du manche et du bouton elle diminue de volumme.

Le frère de Jérôme, *Antoine Amati*, acquit aussi une très grande réputation. La majeure partie de ses ouvrages se trouve en Italie, et le reste a passé en France. En Allemagne il n'est presque point connu. La forme de ces violons, est pareille à la forme de ceux de son frère; la seule différence qui existe entre lui et Jérôme, c'est qu'il employait un bois moins beau et faisait les découpures des *ff* très petites.

Copie exacte de l'etiquette des deux frères:

Antonius Hieronimus Amati

Cremonen. Andræ filii 16

Copie de l'étiquette de Jerôme:

Hieronimus Amati

fecit Cremonæ 167

Description des violons des ces maîtres.

Anno 1603.

Grand format, la table du fond en deux parties, beau bois veiné, vernis jaune-foncé.

Anno 1617.

Grand format, le fond entier, bois très peu veiné.

Anno 1615.

Petit format, le fond en deux morceaux, beau-bois, vernis jaune-foncé.

<table><tr><td>Nicolaus
Amati
1662-1692</td><td>Le fils de Jérôme est élève de son père, *Nicolaus Amati,* de 1662 à 1692, acquit une réputation plus grande que ses prédécesseurs du même nom. Quoiqu' il se tînt à peu près aux règles de son père et de son oncle, il se fraya pourtant une voie nouvelle, grace à son inventive intelligence. La forme de tous ses instruments (*Voir Pl. II. fig. 1, 8,*) est généralement petite et se distingue par une voûte particulière. Ainsi ses instruments sont plats aux extrémités et vers le milieu, où se trouve le chevalet, obtiennent tout d'un coup une hauteur d'un pouce.</td></tr></table>

Cette forme pourtant appartient surtout à ces premiers ouvrages; plus tard, il en créa une plus plate et plus élégante.

Les coins de ses violons s'écartent beaucoup l'un de l'autre; les bords sont arrondis; les *ff* ne sont pas très éloignés, mais n'ont pas la coupe droite de ceux des autres Amati. Le son de ses instruments est doux et moëlleux; ils sont specialement bons pour rendre la musique de Beethoven. La table de résonnance est d'un bois de sapin foncé d'une jolie espèce.

D'ordinaire ses violons ont un vernis rouge doré, quelques uns possèdent une couleur brune.

Copie exacte de l'etiquette de ce maître:

Nicolaus Amati Cremonen. Hieronimi
filii Antonii Nepos fecit: Anno 16.

Description des violons de ce maître.

Anno 1672.

Format moyen, le fond entier, très beau bois veiné, vernis foncé.

Anno 1680.

Format ordinaire, vernis rougeâtre, la table entière d'un très beau bois veiné.

Anno 1663.

Format ordinaire, le fond de la table en deux pièces, vernis jaune.

Pour elèves et imitateurs des Amati, nous indiquerons ici les trois rejetons de la famille Albani, l'un, *Paul Albani* (1650), qui a toujours vécu à Crémone; le second, *Mathieu* (1660), qui vint d'abord à Pulsano, et qui eut en suite

Paul Albani 1650.
Matthieu Albani 1660.

l'idée de s'établir dans le Tyrol, où il apporta le secret des maîtres de Crémone; ce fut lui qui vraisemblablement donna les premiers principes de la construction du violon à Jacobus Stainer. (Voir le IIIeme Chapitre: école du Tyrol.) Ce *Mathieu Albani* est à proprement dire l'élève de Nicolas Amati. Du moins c'est le seul de cette famille, qui a acquit par ses ouvrages une réputation d'estime. Plus tard vint un Albani du nom de *Michel* qui s'établit en Grèce: mais dont les violons n'obtinrent presqu'aucune réputation. Nous trouvons superflu de donner une analyse comparée des ouvrages de ces derniers maîtres, par la simple raison, que leurs instruments se ressemblent trop et qu'ils ne sont qu'une copie servile des violons des Amati, sans pouvoir prétendre au son ample et vigoureux des Maîtres de Crémone.

(marginal note: Michel Albani.)

Copie exacte de l'etiquette de Mathieu Albani:

Matteo Albani fecit
Bolzena Anno 17

Description d'un violon de ce maître.

Anno 1712.

Fond en deux parties, beau bois, vernis rougeâtre, orné d'ivoire et débène (d'après Amati.)

Puisque nous nous sommes proposé de faire un exposé de tous les élèves des grands maîtres, nous devons encore mentionner ici *Cappa d'Assaluzzo* (1640) et *Guiliani* (1660) tous deux élèves de Nicola Amati. Le dernier ne se distingue, que par de très belles copies.

Cappa d'Assaluzzo 1640. Guiliani 1660.

Frère aîné de cette célèbre famille de luthiers, *André Guarnerio,* élève de Nicolas Amati, et maître de Stradivarius, est loin de pouvoir soutenir dignement et son nom et son double titre de maître et d'élève des deux sommités de l'époque. Son travail peu soigné dénote peu d'intelligence; il est au dernier rang des maîtres de Crèmone, ses instruments, bien qu'ils aient une vigueur de son difficile à rencontrer, sont cependant construits, tous, sans exception, de la manière la plus imparfaite. Il employait de mauvais bois et donnait à ses violons une forme *(Voir Pl. II. fig. 3.)* très disgracieuse: grand format, découpures allongées, *ff* coupés droits et irrégulièrement. En un mot ces diverses imperfections réunies donnaient un aspect défectueux à tous ses ouvrages. Les *Andreas Guarnerius* se reconnaissent ordinairement à leur fond inégal et raboteux. Son vernis était fait au cobalt.

Guarnerio André.

Copie exacte de l'étiquette de ce maitre:

Antonius Guarnerius fecit Cremona
Sub titulo Santa Teresia 16

Description des violons d'Andreas Guarnerius.

Anno 1678.

Le fond de la table en deux parties, beau bois veiné, vernis rouge.

Anno 1696.

Petit format, le fond en deux parties, beau bois veiné, vernis jaune. *(Violoncello).*

———

Fils d'André Guarnerius et son élève *Joseph* est supérieur à son père et à son oncle par l'élégance de la forme *(Voir Pl. I, fig. 1.)* qu'il donnait à ses instruments et par la qualité du son qu'il savait en faire sortir. Presque toujours la forme qu'il employait ressemble beaucoup à celle de Nicolas Amati, qu'il copiait dans l'exécution de ses ouvrages. La couleur de son vernis était pareille à celle du vernis de son cousin, qu'il n'a pas pu surpasser mais qui lui a servi scrupuleusement de modèle.

Joseph Guarnerius 1704-1724

Les violons de Joseph Guarnerius, sont petits les *ff* découpés et assez fortement bombés inclinés peuchés vers le milieu. Ses instruments se distinguent par un vernis rouge dune couleur éclatante.

Copie exacte de l'étiquette de ce maître:

Joseph Guarnerius, filius Andræ fecit Cremonæ, sub Titulo St. Theresiæ 1675

Description des violons de Joseph Guarnerius.

Anno 1704.

Le fond en deux parties, beau bois, vernis rouge.

Anno 1701.

Le fond en deux parties, vernis brun.

———

Frère cadet d'André Guarnerius, *Pierre* (1670) mérite d'être mentionné, quoique ses violons n'aient pas acquis à cause d'un travail un peu negligé, la même valeur que ceux des autres maîtres de Crémone. Ses violons se destinguent par un son assez plein, mais ils n'ont pas une forme élégante; il les faisait très plats en conservant les bords très saillants. Le vernis qu'il

Pierre
Guarnerius
1670-1717

5*

employait était brun foncé. Il se fixa plus tard à Mantoue où il avait son atelier et mourut dans cette ville.

———

Joseph Guarnerius 1700-1742

Joseph, dit del Jesu fils de Pierre, et élève de Stradivarius (1700 à 1742) suivit scrupuleusement les données de son maître sans cependant se rendre esclave de la forme plate que Stradivarius avait adoptée, il s'en tint long temps au dessin abandonné par Nicolas Amati, et qu'il avait choisi pour modèle. Il vernissait ses instruments de la même manière que Nicolas Amati. Son nom de Jesu lui vient de ce qu'il mettait à droite de son étiquette une croix marque qu'employaient les Jésuites pour leurs cachets.

Copie exacte de l'étiquette de ce maître:

Jofeph Guarnerius fecit	✝
Cremone Anno 1720.	**IHS**

Anno 1723.

Grand format, fond en deux parties, bois veiné, vernis brun rouge.

———

Pour compléter l'analyse des ouvrages de la famille Guarnerio, nous ne pouvons pas passer sous silence le fils de Joseph *del Jesu, Pierre* (1740—1761), imitateur scrupuleux de son père, que l'on confond très souvent avec son grand père. Pour ne pas commettre cette erreur, il suffit de ne pas oublier qu'entre le premier et le dernier il y a environ 40 années de distance. Pierre Guarnerius 1740-1751

Les violons de Pierre Guarnerius ont acquis une valeur assez grande aux yeux des amateurs.

Catherine Guarneria travaillait avec ses frères et leur aidait peut-être dans l'exécution de leurs ouvrages. Elle avait un goût très prononcé pour l'art du luthier. Mais l'histoire couvre d'un voile si épais toute son existence, que nous ne pouvons pas en parler ici d'une manière plus étendue. Cathérine Guarneria

Nous citerons encore pour élèves d'Amati, *Giovanni Baptista Ruggeri* (1709) qui par un travail très consciencieux peut mériter une place à côté des grands luthiers de l'époque fameuse. Giovanni Baptista Ruggeri 1709.

Dernier rejeton des Ruggeri (*Vincenzius*, detto *Ruggeri, il Per* 1650 *et Francois* 1645) Vinzencius Francois Ruggeri 1650.

Baptista Ruggeri, conserva tous les principes de la construction du violon par les quels se distinguait cette famille. Grand format, bois très epais, filets très larges et vernis brun foncé.

Copie exacte de l'étiquette de ces maîtres.

Gio: Batta Ruggeri
fecit in Mantua 16

Francesco Ruger. detto il per. in
Cremona dell anno 1645.

Description d'une viola de Francois Ruggieri.
Anno 1687.
Format grand, fond en deux parties (Viola.)

Antoine Stradi-
varius
1640-1724.

Antoine Stradivarius (1640 à 1724) élève d'Amati est sans cortredit celui qui donna au violon la place qu'il occupe actuellement; en considérant les violons de ce maître, aucun connaisseur ne se lassera de les admirer, autant sous le rapport de la qualité du son que sous le rapport de leur forme, et du vernis dont ils sont enduits. Aucun luthier ne parvint à donner autant de grâce à ses instruments que Stradivarius. Sans

nul doute ses ouvrages sont des tableaux que
l'on aime à contempler toujours; aussi sont ils
extrêmement goûtés de tout le monde et acquiè-
rent-ils de plus en plus une immense valeur.
Le son que l'on en tire est magnifique; il est
à supposer qu'il doit son ampleur et sa beauté
à cette forme régulière et minutieusement calculée que possèdent tous les violons de Stradivarius. On distingue dans la vie de cet homme
célèbre quatre époques; dans la première ses
ouvrages ressemblaient beaucoup à ceux de Jérôme Amati; c'est à dire, qu'ils avaient une forme
grande et voûtée; dans la seconde époque il construisit ses violons d'un format très grand sans
conserver toute fois la voûte disgracieuse, qui
caractérisait sa premiére époque: à la troisième
époque il revint à ses premiers dessins, en ré-
duisant le format à une dimension plus petite;
à la quatrième époque il fit ses instruments fort
peu voûtés, à un tel point qu'il fut désigné en
Italie comme le seul luthier qui employa dans
ses ouvrages la plus petite hauteur, (celle d'un
demi pouce des côtés au centre): c'est par là
que se distingue la quatrième époque de l'existence de Stradivarius. D'ordinaire ses instruments sont d'un bois très fort, nécessité qu'il

avait prévue lorsqu'il se decida à donner à ses violons une voûte presque imperceptible; car par ce mode de construction, ce que la table d'harmonie perdait en résistance à cause de sa courbe peu élevée, elle le regagnait en densité à cause de son épaisseur. — Et quoiqu' on dise qu'une voûte aussi insignifiante occasionne souvent à la table d'harmonie un abaissement considérable d'abord du coté gauche, puis du coté droit du chevalet, cependant cette irrégularité n'ôte rien à la qualité du son de l'instrument; bref, la forme *(Voir Pl. II, III. fig. 4, 5, 1,)* des violons de Stradivarius est superbe, les coins sans être trop saillants ne sont pas émoussés: les filets sont fortement incrustés dans le bois, et placés très près du bord; il enduisait ses violons d'un vernis d'ambre brun-obscur, les violons de la première époque sont rougeâtres. — Il est rare de trouver des violons de Stradivarius parfaitement conservés; malheureusement le temps et l'ignorance de ceux qui étaient possesseurs de ces véritables trésors leurs enlevèrent quelques unes des belles qualités qui constituaient leur mérite irréprochable.

Stradivarius fut le seul des luthiers qui laissa à la postérité une immense quantité d'instruments confectionnés par lui-même; on en compte près d'un millier, y compris environ 300 Violas, Violoncelles, etc. etc. Si pourtant on rassemblait tous les instruments qui portent l'étiquette dé Stradivarius, il s'en trouverait une masse innombrable. On ne tromperait pas si sur cent violons de Stradivarius, proposés par les luthiers contemporains comme authentiques on en refusait 99: autrement il est plus que probable qu'on serait la dupe de ces spéculateurs éhontés. Les Stradivarius, je le repète encore, sont d'une rareté excessive, aussi nous croyons-nous en droit d'attirer l'attention de nos lecteurs, sur le petit nombre dont nous pouvons garantir l'authenticité. Citons en première ligne le beau Stradivarius de S. A. J. Léopold IIme grand Duc de Toscane, qu'il conserve dans son Palais Pitti.

Le Comte Archinto et le Marquis Castel Barco, des plus grandes familles de Milan, outre les belles choses que renferment leurs musées, rénommés à juste titre, dans l'Europe entière, possèdent une magnifique collection des violons des plus grands maîtres de Crémone, et particulièrement de Stradivarius. Le Comte San Grado de Venise, est possesseur de deux magnifiques Stradivarius; la basse du Comte Wieliehorsky de Russie est connue de tout le monde musical.

Le violon de l'illustre maître de Crémone, faisant partie de la grande collection de violons appartenante au Prince Nicolas Youssoupow et conservée dans son palais à St. Petersbourg, mérite une attention toute particulière de la part du véritable amateur d'anciens instruments. Pour plus de clarté nous reproduirons ici un article qui a paru à ce sujet dans un journal de musique:

„Un violon d'*Antonius Stradivarius*, portant l'étiquette de 1702, et qui fut acheté de la famille d'Antoine Stradivarius, après la mort de celui-ci, en 1790, par *Giov. Gagliano* est deposé en ce moment chez Mrs. Schott, frères à Bruxelles. Ce violon achevé par ce célèbre luthier, mais qu'il n'avait pas verni, fut reconnu et approuvé en 1820, par *Nicolo Paganini*, pour être sorti des mains d'Antoine Stradivarius.

Le Prince Youssoupow, en a fait l'acquisition à Naples en 1854; en 1855, un des meilleurs luthiers de Vienne le remis complètement à neuf, sans nuir en rien à l'égalité et à la pureté du son; ce résultat a été constaté d'ailleurs par *Mrs. de Beriot, Vieuxtemps, Haumann, Mayseder, Helmesberger* et d'autres sommités musicales d'Allemagne, de Belgique et d'Italie.“

Copie exacte de l'étiquette de ce maître:

Antonius Straduarius Cremona
faciebat Anno 16   4

(A S)

Descriptions des violons de ce maître.

Portant l'année 1681.

Forme longue, fond en deux parties, beau bois, vernis brun tirant sur le rouge (très rare).

Portant l'année 1682.

Grand format, fond entier vernis jaune, (fut la proprieté de feu le ministre Prince Kaunitz.)

Même année.

Grand format, fond eu deux parties, bien veiné, une tête bien dessinée, vernis rouge.

Année 1683.

Grand format, fond entier vernis jaune.

Année 1702.

Grand format, fond en deux partie, le corps, les cotés et le manche d'un bois très veiné, vernis rouge tirant sur le jaune (ce violon est connu sous le nom du roi des instrument).

Année 1725.

Forme moyenne, fond en deux parties,

beau bois vernis rouge tirant sur le brun. —
(Violoncello).

Imitateurs et élèves de Stradivarius.

Pour être correct dans l'exposé sur les ouvrages des maitres de Crémone, il nous semble indispensable de citer les élèves et imitateurs de Stradivarius. Quoique ce procédé nous éloignera de l'école proprement dite de Crémone en nous faisant effleurer d'autres villes d'Italie, au XVIIme siècle, qui produisirent des imitateurs, nous espèrons pourtant que cette petite déviation ne changera en rien au but que nous nous sommes proposé d'atteindre, et qu'elle ne fera qu'augmenter l'enchaînement des idées. Nommons d'abord les plus anciens, qui peuvent se placer dans la catégorie des imitateurs non seulement de Stradivarius mais encore des premiers maîtres de Crémone.

Montade (Gregorio.) Nécessairement en premier ligne se trouve *Montade (Gregorio)* qui vécut au commencement du XVIIme Siècle, et dont les violons n'acquirent de la réputation qu'en 1720.

Puis *Caësta (Cajetan)* 1677, *Bergonzo (François)* en 1687, *Bergonzo (Charles)* 1824 dont les violons ont un mérite incontestable, fut le meilleur élève de Stradivarius.

Caësta (Cajetan.)
Bergonzo (François.)
Bergonzo (Charles.)

Milani (Francesco) 1742 imitateur scrupuleux de Stradivarius, travailla long-temps à Milan d'après les données qui lui avaient été transmises par: *Guadanini (Laurenzius)* 1710, de Milan, élève de Stradivarius. Le frère de ce dernier *Jean Baptiste,* de 1709—1754 quitta Crémone pour se fixer a Placentia où il travailla jusqu'à sa mort à titre d'élève distingué de Stradivarius. Pour finir cet article de notre histoire de l'école de Crémone nous mentionnerons encore *Palestieri (Pietro)* de Crémone et *Palestieri (Thomas)* de Mantoue, tous deux élèves de Stradivarius, et *Gusetto (Nicolas Tierentini), Storioni (Laurenzius)* en 1778; ce luthier fut celui qui ferme la marche au développement de l'école dout nous venons de faire l'analyse.

Milani (Francesc.)
Guadanini (Laurenz.)
Guadanini (Jean Bapt.)
Palestieri (Pietro.)
Palestieri (Thomas.)
Gusetto (Nic. Tier.)
Storioni (Laurenz.)

Différentes Ecoles d'Italie.

Pendant que Brescia et Crémone prenaient une extension des plus grandes dans l'art de la lutherie en donnant naissance pendant près de deux siècles à une série d'autres individus d'une célébrité à nulle autre pareille, plusieurs petites villes de la Lombardie, par un souffle, pour ainsi dire contagieux, produisirent aussi des luthiers d'un mérite, presqu' aussi grand que ceux de leur école mère. Ainsi Vérone se distingue par les frères *Granzini*, de 1620—1650, qui plus tard travaillèrent à Milan. Puis *Sanoni (Joh. Baptistus)*. Dans l'école de Milan sans parler de Testator, qui en est pour ainsi dire le fondateur, nous remarquons les deux frères *Guadanini*, dont nous avons parlé dejà dans l'article concernant les élèves de Stradivarius, *Lacasso (Antonio Maria) Sanza Santino* (1634) et puis enfin *Testore (Carlo Guiseppo)* (1750) ce dernier ainsi que *Guadanini (Laurenzius)*, peut être placé au rang des bons luthiers.

Copie exacte de l'étiquette de Testore;

Carlo Testore me fecit
Cremona del Anno 16

Parmi les autres petites villes de l'Italie, Trévise et Mantoue, sont les seules qui méritent quelque peu d'attention, la première à cause de

Caesta (Pietro Antonio della), imitateur de Stradivarius assez intelligent, et la seconde en souvenir de *Camilus de Camile* (1715) un des bons élèves de Stradivarius. Pour établir une ligne de démarcation entre les écoles de Brescia, Crémone, celles de Venise, Florence, Rome et Naples, il fairait que ces dernières n'eussent pas suivi si scrupuleusement les principes qui leur avaient été transmis par les deux écoles mère; mais l'on comprend que cette considération rend presque impossible l'analyse comparée des écoles des diverses villes ci-dessus mentionnées. A Venise commença la décadence des luthiers. Quoique, à vrai dire, on rencontre encore des violons de cette école construits de la manière la plus parfaite, néanmoins ils n'ont pas la bonté de son des instruments sortis de l'Ecole de Crémone. Le luthier vénitien n'avait en tête que l'élégance de la forme et un beau vernis; le son ètait pour lui un accessoire. Parmi les maîtres distingués de Venise se trouve en première ligne *Montagiano (Dominicus)* (1715) il travailla longtemps à Crémone puis il passa à Mantoue, et enfin à Venise, où il confectionna ses meilleurs instruments, ses violons sont très larges, faits d'un bois très bon, et enduits d'un vernis doré.

Vimercati (Pietro) 1660, quoique plus ancien que lui, peut être aussi mis au nombre des luthiers du second rang de cette école; ses violons sont extrémement voûtés, à l'instar de ceux de l'école de Brescia, sans avoir pourtant le son ample et vigoureux de ceux de Salo et de Maggini. Parmi les luthiers de second ordre au commencement du XVIIIme siècle nommons encore *Anselmo (Pierre)*, les deux frères *Tononis (Carolus et Johannes) Bellosio*, *Bodio* maître de *Novello (Petrus, Valentinus)*: ce dernier ainsi qu'un autre *Novello (Marcus Antonius)* ont acquis une réputation méritée. Les violons de *Marc. Anton:* sont bons et très rares. Les deux frères *Gofriller (Matthieu et François)* firent des violons extrêmement forts et bons pour des concerts. Désignons encore *Cobetti* (1714) dont les instruments sont aussi d'un son assez volumineux, (*Voir Pl. III fig. 6.*) pourtant tous ces luthiers sont loin d'approcher sous le rapport de la construction le meilleur élève de Stradivarius, *Seraphin (Sanctus)*, 1707; quoique ces violons soient voûtés autant que ceux des maîtres de l'école de Venise, qui l'ont précédé, ils surpassent cependant en qualité de son même ceux de *Montagiano*.

Marginal notes:

Vimercati (Pietro.)

Anselmo (Pierre.)
Tononis (Carolus et Johannes.)
Bellosio.
Bodio.
Novello (P. V.)
Novello (M. A.)
Gofriller (Mathieu et François.)
Cobetti.

Seraphin (Sanctus.)

Description d'un violon de ce maître.

Anno 1726.

Le fond en deux parties, beau bois, vernis brun-rouge.

Coup d'oeil général sur les écoles de Florence, de Rome et de Naples.

Autant les écoles que nous venons de parcourir étaient riches en luthiers renommés, autant celles qui vont suivre sont malheureusement dépourvues de l'auréole de célébrité qui environne les premières ; surtout celle de Crémone. Ainsi Florence, qui avait brillé d'un si vif éclat au temps de Michel Ange, Cimabue, Dante, Boccace, Giotto et Raphaël, devint, au commencement du XVIIme Siècle, le tombeau des inspirations sublimes de la renaissance, et ne garda dans ses murs que le souvenir de l'art passé. Sismondi dépeint le XVIIme Siècle d'une manière pleine d'énergie et de vérité: „Une oppression systema-„tique et cruelle tua la pensée, et l'Italie ne pro-„duisit plus, pendant cent cinquante ans, que „de froids et misérables copistes qui se traî-„nuirent sans inspirations sur les traces de leurs „devanciers, ou des esprits faux et prétentieux

„qui prirent l'exagèration pour la grandeur. Ce
„fut le règne du mauvais goût qui s'efforçait de
„couvrir la stérilité." — Ce ta bleau dela littéra-
ture italienne peut parfaitement s'appliquer à l'art
en général et à la lutherie en particulier qui
par sa nature se rattache aux beaux arts: la
liberté de la pensée est le flambeau qui éclaire
l'artiste en tout genre, le sculpteur aussi bien
que le poète, le peintre et le musicien; et si le
despotisme vient reserrer le champ des beaux
arts et de la litterature, il leur enlève par la
même toute leur noble fécondité.

Ecole de Florence.

Florence, qui ne se distingua jamais par
les luthiers d'un talent hors ligne, peut à peine
nous fournir quelques noms qui soient dignes
d'entrer dans cet ouvrage. Nous devons citer en
premier lieu *Quidantus* dont quelques violons
nous sont parvenus; ils denotent un ouvrage consciencieux.

Copie exacte de l'étiquette de ce maître:

Joannes Florenus Quidantus fecit
Bononiae Anno 17

Les contemporains de ce maître étaient:
Gabicelis (Joh. Bat.), *Christofori (Bartholomeo)*,
Landolfi (C. F.) Ce sont ces quatres noms seuls
qui représentent l'école de Florence.

Leurs ouvrages se reconnaissent a la couche
épaisse de vernis dont ils couvraient leurs instruments.

Ecole de Rome.

La ville de Rome qui est, pour ainsi dire,
le centre des beaux arts et le siége de la haute
intelligence, se trouve la plus pauvre d'Italie sous
le rapport de la lutherie.

Quoique les principes de l'école de Crémone
soient parvenus jusqu'à· elle par *Assalone (Gaspard)* qui le premier les mit en pratique sur
les bords du Tibre, cependant le meilleur luthier
de Rome est un allemand, *Dechler, David,* élève
de *Stainer* (1715 à 1740). Dechler, luthier d'un
grand mérite, voulant faire fortune, quitta Salzbourg sa patrie et se rendit à Venise dans l'in-
tention de s'y fixer à tout jamais: malheureusement l'air de Venise, ses sombres canaux, ses
gondoles poétiques et surtout la jalousie des luthiers forcèrent Dechler à sortir brusquement de
cette célèbre cité; un jour, au sortir de l'eglise,

7*

on le menaça d'un coup de poignard s'il ne donnait pas la promesse de quitter Venise immédiatement. Dechler ne se le fit pas dire deux fois, prit la chaise de poste et se dirigea sur Rome où il resta jusqu'à la fin de ses jours.

Copie exacte de l'étiquette de ce maître:

David Dehler fecit
Roma Anno 17

Ecole de Naples.

Si aux XVIme et XVIIme Siècles, les peintres de Naples formaient un vrai tripot de brigands qui se servaient mieux du poignard que du pinceau, on ne peut pas tenir le même langage quand il est question des luthiers de cette ville. Doivent-ils cet avantage à l'imperfection de leur travail, au peu d'originalité dans les formes ou à leur commune nationalité, mais toujours est-il certain que les luthiers de Naples ne trouverent sur leur route ni cabale, ni intrigue, ni rivalité, et que du commencement à la fin, leur existence fut calme et sans tribulations.

Gagliano, Alexandre, fils du marquis de ce nom, au commencement du XVIIIme Siècle, fut forcé de sortir de Naples afin de se soustraire aux poursuites de la police à cause d'un attentat qu'il avait commis sur une personne qui devait épouser sa fiancée: il s'enfonça dans une épaisse forêt près de *Marighanetto Borgo,* et là pour se distraire, il se mit à tailler dans les troncs d'arbre qu'il avait sous la main, des instruments dont la forme ressemblait à celle du violon, et voyant que ses doigts ne se refusaient pas à un pareil travail, il revint à Naples quelques années plus tard, lorsque sa tragique histoire avait cessé d'occuper les esprits, et y fonda un atelier de lutherie. Une gazette musicale de ce tems en parlant de Gagliano se sert des expressions suivantes: „Era uno di quegli ingegni la cui elevattezza non potea di dimenza essere scevra".

Ses deux fils, *Janvier et Nicolas,* 1740, continuèrent à se perfectionner et finirent par établir des violons à l'instar de ceux de Stradivarius et d'Amati. *Ferdinando, Giuseppe, Giovanni et Antonio* surent maintenir la réputation des ateliers fondés par leurs ancêtres. *Giovanni Gagliano,* 1760, fut celui qui sortit enfin de l'ornière battue que suivait l'école de Naples: il est le seul dont les

Janvier,
Nicolas,
Gagliani.

Ferdinando
Giuseppe
Giovanni
Antonio
Gagliani.

violons aient acquis une certaine valeur dans le commerce. Il transmit sa science à ses deux fils *Rafael et Antonio,* qui sont vivants aujourd'hui, mais qui ont abandonné la lutherie pour établir une fabrique de cordes d'instrumens qui est la meilleure de toute l'Italie.

Ecole de France et d'Allemagne.

Il serait à désirer que l'article qui doit concerner les écoles de France et d'Allemagne fût aussi rempli d'intérêt que celui que nous avons consacré à l'école seule de Crémone. Mais bien que la civilisation soit aujourd'hui à son apogée dans ces deux pays célèbres, cependant ils n'ont jamais produits de luthiers du mérite de ceux qu'a produits l'Italie.

La France, par exemple, au XVIIIme Siècle, brillait du plus vif éclat sous le rapport des arts, des sciences et des lettres, tandis que l'art du luthier s'y trouvait toujours en pleine décadence. A peine trois noms, à diverses époques, se sont ils fait remarquer sous ce rapport, *Pique Lupot et Chanot.* Ils introduisirent, dans la construction du violon, des principes nouveaux, inconnus jusqu'alors, mais nous devons ajouter immédiatement que ces inventions ne survécurent pas à leurs inventeurs. De notre temps, *Gand et Villaume* possèdent un talent incontestable, mais leurs ouvrages ne peuvent prétendre qu'au mérite d'être faits consciencieusement et jamais ils ne pourront être placés à côté des instruments des anciens luthiers. Gand.
Villaume.

L'Allemagne, puisqu'elle renferme l'école du Tyrol, a plus de droits à prendre place dans cette histoire du violon. Commençons par un rapide aperçu des principaux luthiers des différentes villes de l'Allemagne, et nous passerons ensuite à l'école du Tyrol proprement dite.

Bachmann (Carl Ludwig) 1765 à Berlin, est reconnu comme un des meilleurs luthiers que Allemagne ait produits. Bachmann
(Carl Lud.)

Jaug de Dresde, 1774, construisait des violons à l'instar de ceux de Crémone; il choisissait ordinairement un bois très beau ; mais malheureusement le son de ses violons était très aigu. Son élève *Hunger,* de Leipzig lui fait beaucoup d'honneur, quoique ce dernier n'ait construit que des violas, violoncelles et basses. *Fritsche* de Leipzig fut élève de Hunger. Jaug.

Hunger.

Fritsche.

Schonger. *Schonger (Franz)* à Erfurt, travaillait avec son père d'après les modèles de Crémone.

Hassert. *Hassert* à Eisenach, montrait quelquefois tant de talent que l'on confondait ses violons avec ceux de Crémone.

Ernst. *Ernst (Franz Anton)*, né en Bohéme, se rendit en 1778 à Gotha ; il jouissait non seulement de la réputation d'un bon violoniste, mais encore d'un excellent luthier. Spohr possédait un violon de ce maître sur lequel il se fit entendre en public.

Eberle. *Eberle (Ulricus)*, de Prague, fit de bons violons, mais d'un son faible.

Helmer. *Helmer (Carl)* élève de ce dernier, fit de bons violons aussi ; mais d'un son inégal.

Buchstedter *Buchstedter*, de Regensbourg, copiait bien les anciens maîtres, mais ses violons n'ont pas de réputation.

Straube. *Straube*, de Berlin, (1772) fit quelques bons violons.

Schmidt à Cassel, copiait les violons de Bachmann, qui ressemblaient à ceux de Stradivarius, puisqu'ils étaient des copies exactes de ce maître.

On trouve quelquefois dans le commerce de ses violons portant l'étiquette de Stradivarius; mais pour reconnaître cette fraude on n'a qu'à remarquer, que les violons de *Schmidt*, ont un bord plus large que ceux de Stradivarius, et que les filets en sont incrustés de manière à pencher davantage vers le milieu.

Voici encore la liste de quelques luthiers dont les noms sont parvenus jusqu'à nous.

Kolditz (Matth. Joh.) (1748) de Munich.
Kämbel (1635), *Roth (Joh.)* (1675), *Diehl (Nicolaus)* Darmstadt, *Crista (Joseph Paulus)* Munich, (1730), *Vogler (Joh. Georg)*, Würzburg.
Copie exacte des étiquettes des maîtres que nous venons de citer.

> Johan Andreas Kämbl Churfürftl.
> Hof Lauten und Geigenmacher
> in München.

> JOANN GEORG VOGLER, Lauten-
> und Geigenmacher in Würczburg. 17

MATHIAS JOANNES KOLDJZ,
Lauten- und Geigenmacher in
München 1750

Jofephus Paulus Christa Lauten
und Geigenmacher inMünchen 17

Ecole du Tyrol.

L'école d'Allemagne doit la place, qu'elle
occupe dans l'histoire du violon à celle du Tyrol, qui, à l'instar de l'Italie entière, au XVIme et
XVIIme Siècle florissait dans l'art de la lutherie.

Stainer (J.)   *Jacob Stainer,* est le premier qui donna l'es-
sor à la construction du violon dans ce pays,
d'après les principes des maîtres de Crémone.

C'est à tort qu'on le désigne pour être l'élève
de *Nicolas Amati,* puisque ce dernier n'a jamais
quitté Crémone, et que le réprésentant de l'école
Tyrol, est resté presque constamment à Absam;
il est hors de doute que le maître de Stainer fut
Albani, qui demeura long temps dans cette partie
de l'Allemagne.

Quoique Stainer, eût reçu les premiers principes d'Albani, et qu'il soit allé se perfectionner
plus tard en Italie; ces violons avaient une forme

très voûtée. Il est necessaire de noter ici que que lorsque ses instruments étaient construits entièrement par lui-même, ils contenaient une étiquette ecrite de sa propre main.

Ses ouvrages se distinguent par un son des plus beaux et une forme des plus élégantes. *(Voir Pl. III, fig. 3.)* Les *ff* sont un peu plus courts que ceux des maîtres italiens mais leurs extrémités ont une découpure tout à fait ronde, les bords sont très épais et arrondis soigneusement, les filets sont un peu eloignès du bord, et très finement incrustés. Ses ouvrages peuvent être divisés en trois catégories : les uns d'une forme très grande, les autres d'une forme moyenne et enfin il en existe aussi de petit format.

La hauteur et l'éppaisseur du bois qu'il employait pour construire ses violons étaient deux fois plus grandes que dans ceux de Stradivarius. Pour la table d'harmonie, il choisissait le meilleur sapin de Suisse, pour celle du fond, les élisses et le manche, il prénait le plus beau bois d'érable. L'accordière ou la tête, était sculptée de la manière la plus élégante; il y a pourtant des violons de ce maître dont l'accordière est surmontée d'une tête de lion sculpté. Son vernis

8*

était pareil à ceux des maîtres de Crémone. On rencontre souvent des violons de Stainer, dont la table d'harmonie est d'un jaune clair, tandis que celle de fond est brun foncé.

Copie exacte de l'étiquette de ce maître:

Après avoir parlé de Stainer, et de ses ouvrages comme luthier, il est certainement intéressant de pénétrer dans sa vie intime, de parcourir les traits saillants de son existence personelle. L'histoire qui ne fait jamais grâce aux hommes célèbres dont les noms sont inscrits sur ses pages sévères, tout en poëtisant la vie de Stainer, arrête l'enthousiasme du lecteur en lui mettant sous les yeux le tableau très prosaïque des dernières années de cet homme rémarquable.

Voici donc, avec impartialité, ce que nous connaissons de Stainer. *Daniel Hertz,* fameux facteur d'orgues à Inspruck, acceuillit Stainer dans sa maison, le recommanda d'après les uns à son ami Amati, et d'après d'autres à Pietro Vimarcati et le choisit même pour l'héritier de sa fortune. Stainer, après avoir voyagé en Italie, revint s'établir definitivement à Absam, et là vers la fin de sa vie, il perdit la raison. Les uns attribuent sa folie à un amourfrénétique pour Clara Vimercati, les autres au chagrin d'avoir vendu ses instruments à trop bonmarché, (il ne le vendait pas autrement que par demi-douzaines à la fois.) Stainer mourut bientôt après la perte de sa raison.

Pendant sa maladie, deux habiles ouvriers travaillaient dans son atélier: *Klotz, (Aegidius)* de Mitterwald, et *Pichler*.

Les instruments confectionnés par eux portent l'étiquette imprimée de Jacob Stainer.

Les deux fils de Klotz, *Michael et Joh. Carl* furent aussi d'habiles ouvriers, mais sans approcher pourtant du talent de leur père.

Marcus Stainer, fils de Jacob, travailla à Inspruck et construisit également des violons excellents, mais il ne pût jamais leur donner le son noble de ceux de Jacob.

Le capricieux *Franz Maria Veracini*, qui de son temps, après Tartini, était le plus grand violoniste et grand connaisseur en fait d'instruments affirmait que ses deux violons de Stainer (M.) auxquels il donnait même les surnoms de St. Pièrre et de St. Paul, surpassaient en qualité de son tous les meilleurs iustruments italiens; il perdit ses deux trésors dans un naufrage qu'il fit en se dirigeant vers la France.

Imitateurs de Stainer.

Parmi les imitateurs de Jacob Stainer indiquons: *Stadelmann,* de Vienne 1740, *Léopold Withalm* de Nürenberg 1720, qui copiait Stainer de la manière la plus habile. *Hassart,* à Rudolstadt, paraît avoir pris aussi pour modèles les violons de Stainer, puisqu'il construisait les siens très voutés.

Stadelmann
Withalm.
Hassart.

Ries, à Bamberg faisait de bons violons.

Ries.

Rauch, à Breslau, peut étre cité parmi les meilleurs luthiers de son époque', il donnait une forme particuliere à ses ouvrages.

Rauch.

Scheinlein (Mathias Friedr.), né en 1710 à Langenfeldt. Sa première profession était celle de violoniste plus tard il devint luthier et travailla long temps d'après les modèles de Stainer.

Scheinlein
(M. F.)

Son fils *(Jean Michel) Scheinlein* vecut à Langen- Scheinlein (J. M.)
feldt, et fit de très bons violons, mais malheureusement en avancant en âge, ils acquièrent un
son très faible.

———

Ruppert, à Erfurt donnait une forme parti- Ruppert.
culière à ses violons, ils sont peu voûtés et très
vigoureux.

Imitateurs d'un mérite moindre que les précédents.

Edlinger (Thomas), Augsbourg, élève de Edlinger.
Stainer. *Gugemmos, Gedler (Joh. Anton)* 1756, Gugemmos
et Gedler (Joh. Benedictus), 1796, *Maldonner, Petz,* Gedler. (Ant.&Ben)
1770. *Stoss (Franz)* 1750—1798, et *Ruf* 1780, Maldonner.
tous les sept travaillaient à Füssen en Bavière. Stoss. Ruf.

———

Knitting (Philippus (sic) à Mittenwald faisait Knitting.
ses violons peu voûtés et les enduisait d'un vernis à l'esprit de vin.

———

Simon 1722, *Weiss (Jacob), Mayerhoff (An-* Simon.
dreas Ferd.) 1740, *Wenger (Gregor Ferd.)* 1761, Weiss. Mayerhoff.
ces quatre travaillaient à Salzbourg. Wenger.

Copie exactes des étiquettes de Mayerhof et de
Weiss.

> Andreas Ferdinandus Mayr
> Hoflaut, und Geigenmacher
> in Salzburg. Anno 17

> Jacob Weiß/ Lauthen und
> Geigenmacher in Salzburg

Luthiers contemporains.

Après avoir fait une analyse assez dével-
loppée des ouvrages d'anciens luthiers, donnons
ici un aperçu général des luthiers contemporains
qui par leur intelligence peu ordinaire méritent
également d'être mentionnés par nous, et indiquons en même temps (sous toute réserve) les
villes où l'on peut se procurer de beaux instruments d'anciens maîtres. Abordons en premier
lieu les luthiers contemporains.

Ghibertini.   *Ghibertini* 1800 à 1836, inventa une manière
toute particuliere d'enduire ses violons d'un vernis pareil à celui ces maîtres de Crémone.

Castelani, a Florence, *piazza del gran duca,* réparateur assez habile d'anciens violons. Castelani.

Costa, a Gènes, habile d'imitateur de Stradivarius. Costa.

Bausch, a Leipsick, rénommé pour ses archets. Bausch.

Gand, de Paris, habile réparateur d'instruments. Gand.

Villaume, de Paris: belles copies des anciens maîtres d'Italie, mais malheureusement ses instruments ont un *son inférieur* même à celui des violons des luthiers contemporains de l'Italie. Villaume.

Kittel, de Petersbourg, ouvrier habile et consciencieux. Kittel.

Rubrecht, à Vienne, le plus habile restaurateur d'anciens instruments. Rubrecht.

Lemböck, à Vienne. Lemböck.

Engleder, à Munich, ouvrier plein d'intelligence. Engleder.

Avis supplémentaire.

Quoique nous soyons loin de vouloir certifier l'authenticité des instruments anciens qui forment les collections que nous allons désigner, cependant nous croyons très utiler aux vrais amateurs de leur indiquer quelques unes des sources principales où ils pourront se procurer d'anciens violons authentiques, tout en leur recommandant fortement, de faire usage, dans leur choix, de toutes leurs lumières, de toute leur experience sur cette matière :

Giovanni Montavini, Contrada de San Spirito, No. 1825 à Milan, possède une collection d'un millier d'instruments à vendre.

Giovanni et Raphael Gagliani, a Naples, *Piozza Fontana* Medina, *Palazzo* del principe *Caramanico. Bolognesi* à Gènes (Aqua Sola). *Fabris* à Venise.

Fin.

INDEX.

——

Fin de l'Index.

iolon de Jo
iolon de Jo
Viola de Jer

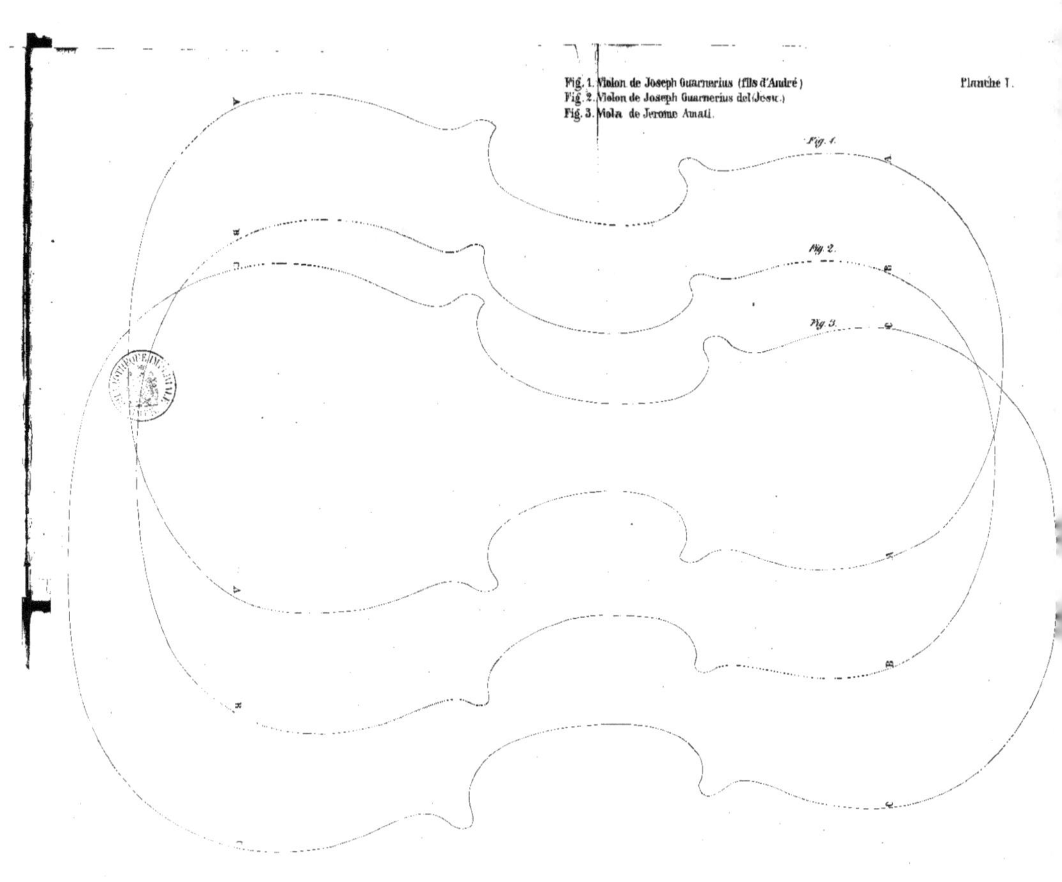

Fig. 1. Violon de Joseph Guarnerius (fils d'André)
Fig. 2. Violon de Joseph Guarnerius del Jesu.
Fig. 3. Viola de Jerome Amati.
Planche I.
Fig. 1.
Fig. 2.
Fig. 3.

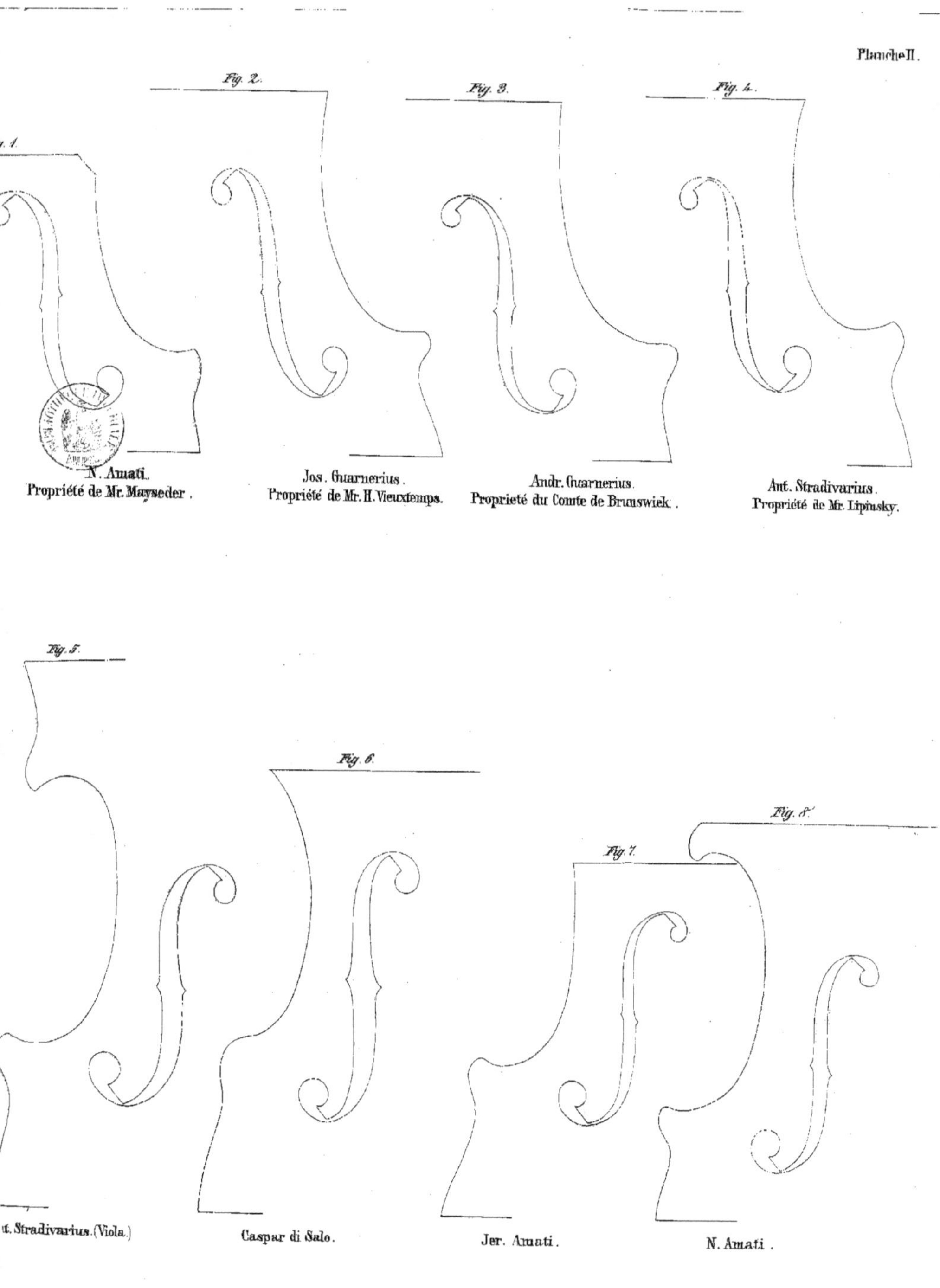

N. Amati.
Propriété de Mr. Mayseder.

Jos. Guarnerius.
Propriété de Mr. H. Vieuxtemps.

Andr. Guarnerius.
Propriété du Comte de Brunswiek.

Ant. Stradivarius.
Propriété de Mr. Lipinsky.

At. Stradivarius. (Viola.)

Caspar di Salo.

Jer. Amati.

N. Amati.

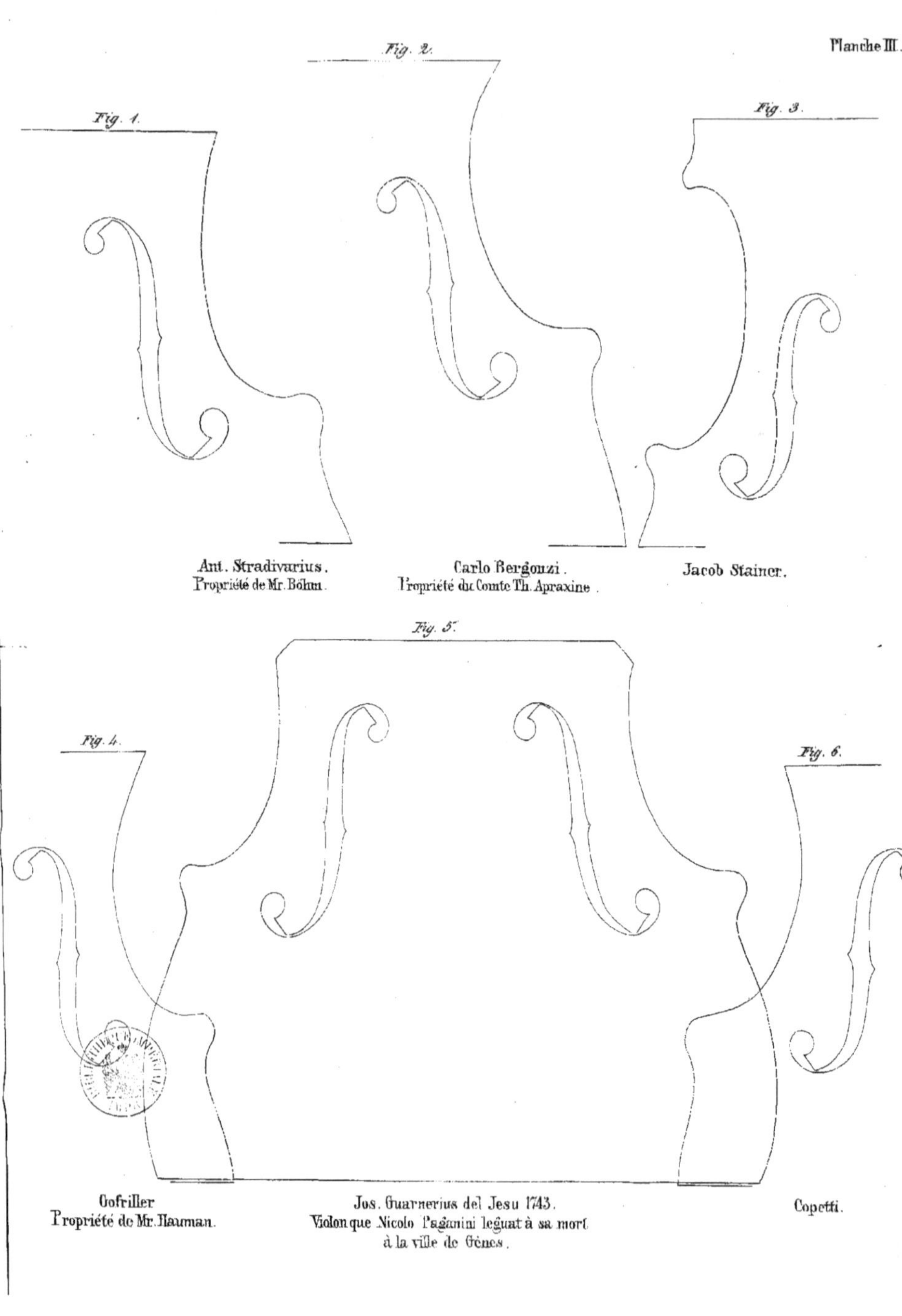

Fig. 1. Ant. Stradivarius.
Propriété de Mr. Böhm.

Fig. 2. Carlo Bergonzi.
Propriété du Comte Th. Apraxine.

Fig. 3. Jacob Stainer.

Fig. 4. Gofriller
Propriété de Mr. Hauman.

Fig. 5. Jos. Guarnerius del Jesu 1743.
Violon que Nicolo Paganini léguat à sa mort
à la ville de Gênes.

Fig. 6. Copetti.

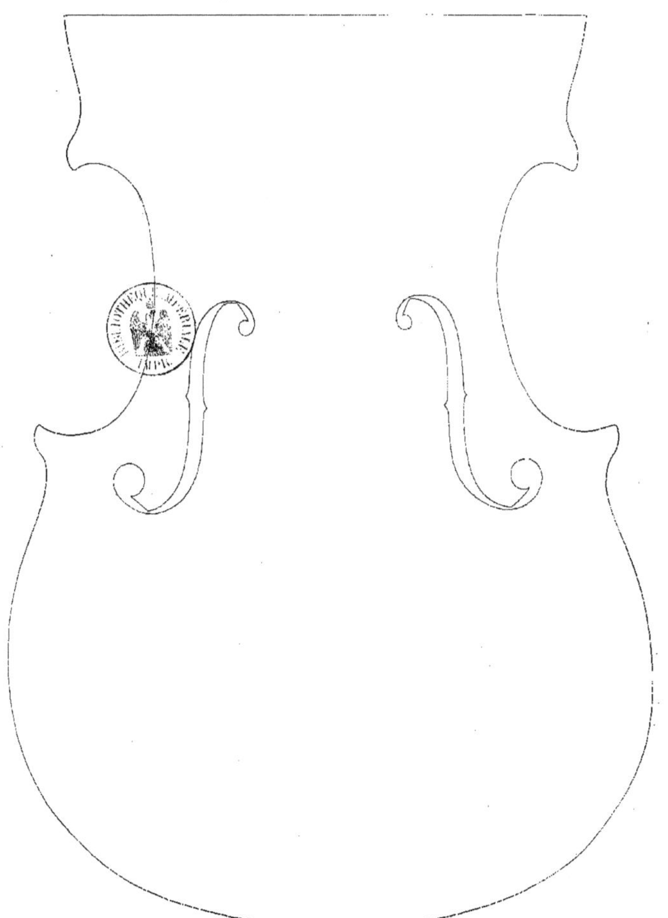

Violon de Joseph Guarnerius, filius Andreas.
faisant partie de la collection du Prince Yousfoupow. _

Ouvrages du même auteur.

De la musique et de son avenir en Russie.

Analyse comparée des compositions des violonistes contemporains.

Traité sur la facture des morceaux de musique
à la portée des jeunes compositeurs.

Histoire des Conservatoires de l'Europe, de
leur mérite et de leur utilité.

R. Wagner et la musique de l'avenir, (étude
critique.)